할머니의 귀여운 젖통

할머니의 귀여운

젖통

이월순 시집

|책을 내면서|

생각할수록 이상한 노릇이다. 내가 지난 번 네 번째 저서를 출간할 때 그것이 마지막이 될 것이라고 스스로 굳게 다짐하고 가족들에게도 그렇게 말했다. 그런데 4년이 흘러간 지금 어쩌자고 또 시집을 출간하겠다고 가족들에게 발표하며, 그 바쁜 막내에게 원고를 보내며 편집을 부탁하는지…… 내가 생각해도 지조 없는 헤픈 할망구가 아닐까 생각해 본다.

일찍이 등단한 작가들은 아마도 자기 평생에 몇 권의 저서를 출간하겠다는 꿈과 계획이 있을 것이다. 그러나 나는 늘그막 늦은 나이에 아동문학(동시), 시, 수필 세 장르를 등단하면서 장르별로 책을 출간했다. 출간할 때마다 다음을 기대 할 수 없는, 이번이 마지막이 되겠지, 하는 생각에 사로잡혀, 출간 후부터 얼마간은 도무지 창작이 떠오르지도 않고 안식년이라도 맞은 듯 쉬고 있었다. 그러다 4년쯤 흘러

가면 어느 틈에 모아졌는지 한 권의 시집을 낼 만큼 추려진다. 그럴 때면 지난날의 생각은 사라지고 또 출간을 하고픈 생각이 서슴없이 용솟음친다. 아마도 작가의 본성인지도 모르겠다.

연극도 하면서 시인으로는 선배인 막내아들은 제 일에 너무 바쁘다. 그럼에도 불구하고 엄마의 작품이라면 매번 제가 편집을 하며 온 정성을 다한다. 이번에도 막내의 노고가 고스란히 배어 있는 시집을 출간하면서 먼저 지혜를 주신 하나님께 감사드리며 막내에게 한없는 고마움을 전한다.

2013년 6월 18일
이 월순

차례

제 1 부 해님과 농부

제 2 부 꽃을 심는 할머니들

제 3 부 레일 바이크

제 4 부　별똥 냄새

제 5 부 점잖은 손님

제 6 부 시의 탄생

제 7 부 은발의 기도

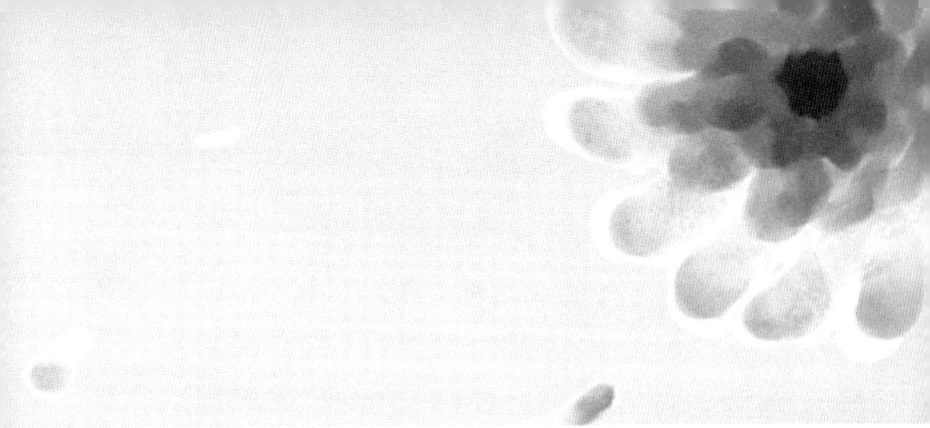

제 1 부

해님과 농부

쥐눈이콩

비 내리는 초여름
수련원 가는 길
창밖을 내다본다

산골 다랑이 논둑에
돋아나는 쥐눈이콩
나의 젊은 시절에도
그런 콩 심었다

어머니는 허리를 구부리고
지게 작대기로 구멍을 내고
마주보고 따라가며
콩 두 알을 구멍마다 넣었다

가을이 되어
조복조복 열린 콩을
주렁주렁 거둬들였다

저 논둑 위에 나의 젊음을
세워 놓는다

해님과 농부

어서 오라 손짓하며
뒷걸음질하던 해님

서산에 멈춰 서서
멋들어진 자화상 하나 그려놓고
강둑을 걸어오는 농부를 향해
또다시 손짓한다.

물속에 쟁기 지고 가는 농부
하늘을 들판 삼아 황소 고삐 길게 잡고
세월도 쟁기질하며 거꾸로 간다

비 내릴 징조

엄마의 자지러진 외침에 놀라
책 보따리 팽개치고 뛰쳐나가 보니
이웃집 토담 호박넝쿨 사이에
길게 자리 잡은 먹구렁이
오늘도 또 산책 나왔다
저놈만 나오면 비 온다는 엄마 말에
하늘을 우러르니 먹구름이 빼곡하다
해마다 그 토담에 터 잡은 먹구렁이
마을 지킴이라고 숚죽이며
아무도 잡을 생각을 않는다
조상의 넋이라도 된단 말인가

고추잠자리

장대 끝에 앉아
숨 돌리는 고추잠자리
내 손에 든 빗자루 끝
흘깃흘깃 째려보며
실룩실룩 나무란다

메뚜기 마빡

가을 황금들판
메뚜기 뛰어 놀 때
큰 메뚜기 작은 메뚜기 등에 업고
벼 포기 뒤에 감쪽같이 숨어
날 보고 숨바꼭질한다
방금 전에 팔딱 뛰어 숨는 너
나는 보았지
오른손 가만히 치켜들고 덮치려는 순간
메뚜기 마빡이 정면으로 내 시야에 들어온다
6 · 25때 이북에서 피란 온 노총각이
추억 속에 떠오른다
마빡 하면 통하던 노총각
그는 정말 메뚜기 마빡을 닮았다
이마가 넓고 경사져 반짝이더니
칠십이 훨씬 넘은 지금도
주름살 하나 없이 가을볕에
더더욱 반짝이는 메뚜기 마빡

휘파람 소리

내가 중학교 시절
남학생들의 휘파람 소리가
너무도 부러웠다

어른들은 여자가 휘파람 불면
큰일이나 난 듯 곱지 않은 눈초리로
흘겨보며 거부하는데
나는 휘파람이 너무 불고 싶었다

휘파람을 불면 그 순간만이라도
남자가 되어보는 희열이 생길 것
십 리 길 하굣길에 입술을 내밀고
열심히 불어보는 휘파람 소리
드디어 가요도 되고 동요도 된다

어른들은 몰라요 이 기쁨을
나도 남자 하는 것 할 수 있어요.
여보쇼 남학생들 뽐내지 마오!
그까짓 휘파람 소리 하나쯤이야
뭘 고까짓 것 가지고

목화다래

시골 들녘 오솔길
곁눈으로 들어오는 목화밭
탁구공 같은 동그란 목화다래
파란 옷 입고 다닥다닥
사이좋게 열렸다

저 아이들 거동 보소
예쁜 목화다래 솜꽃 피기 전에
앙증맞게 따들고 입 속에 넣네요
목화다래 달콤한 물 삼키며
어린 꿈 달콤하게 익어갔죠

씨름판

씨름판 선수들
하나같이 뚱뚱

젖 먹이는 엄마들 슬며시 무색하여
자기 젖통 훔쳐보고 살짝 비교해 봐도
씨름선수 젖통만 불룩

모래 위에 쓰러질 때마다
놀란 젖통 털렁
승부도 재미있지만
필요 없이 덜렁이는 젖통은
웃기도록 재미있지

봄

겨우내 안방에서
좋알이던 아낙네들
나물비구니 옆에 끼고
논밭에서 서성이고

울밑에 햇병아리
싸락돌 하나 입에 물고
쫓기며 빼앗기는 종종걸음
아귀다툼 난다

따뜻한 봄날

따뜻한 봄날
내가 중학교 입학하던 날
친구들은 운동장에
까만 감색 교복에 하얀 칼라
펭귄처럼 귀엽고
까치처럼 반갑다
기웃거리며 구경만 하는데
내 마음을 자석처럼 끌어가는 것은
너무도 고요히 흐르는 노랫소리
따뜻한 봄날을
잔잔히 흔들어 펼치는 저 멜로디
펭귄 두 마리가 고무줄을 당겨 잡고
까치 한 마리는 고무줄 가운데서
단발머리 팔랑이며 팔딱팔딱 뛰고 있다
들러리로 서 있는 친구들 노랫소리는
더더욱 내 마음을 사로잡는다

따뜻한 봄날에 동무들과
백제의 옛 서울을 찾아드니
무심한 구름은 오락가락

바람은 예대로 부는구나
부소산 얼굴은 아름답고
우는 새소리도 즐겁구나

지금도 따뜻한 봄날에
까치 같은 여학생이 우리 집 앞을 지나면
나는 이 노래가 잊히지 않고
어느새 입가에 흘러나온다

희망의 소리

차창 밖을 휙휙 지나는 봄 동산에
뼈만 남은 앙상한 나무들
겨우내 그 혹독한 추위
잘 견디어 낸 앙상한 나뭇가지
봄 물 오르는 소리 꼬르륵꼬르륵
들려옵니다
꽃눈들 앞다투는 소리
시끌벅적 야단입니다
봄 동산을 아름답게 수놓을
그 희망의 소리

육지에 나온 자라

왜 그랬을까
넓죽한 자라 한 마리
행길에 엎드렸다
언니는 침 맞고 오는 길
냉큼 주워오면서 많은 생각에 잠겼다

물에 있어야 할 자라가 육지에 온 것은
분명 내 병 치료약으로 쓰라고 신이 보내 주었을 거야
음 그렇지
할머니께 보이드려야지

이것 본 할머니 기겁을 하며
웅덩이에 가만히 넣으며 기도를 드린다

용왕님, 용왕님의 제자 다시 물로 보내오니
우리 가족들 6 · 25 사변에 피란 잘하게 하시고
손녀딸 입도 돌아오게 하시고
우리 며느리에게 아들도 하나 점지하여 주소서

활개치며 물속으로 사라지는 자라는
이 씨 가문이 대대로 섬겨오던
용왕님의 제자란다

얼마나 자랑스러웠던지

내 어린 시절 새벽송 돌 때
산속에 숨었던 공비들 나올까봐
우리 새벽송 부대 꽁무니에는
자랑스런 경찰이 따라붙었다

학교에 가면 친구들에게
얼마나 자랑스런 화제였는지
입에 침이 마르도록
호들갑을 떨었다

네가 옥수수라고

옥수수 잎에
옥수수인 체 매달린
저 사마귀
내 어릴 적, 손등 사마귀
야금야금 뜯어 먹었다

삼각 얼굴 빼뚤빼뚤
꺾어 돌려 흘깃거리는 저 밴지런 머리통
나만을 응시하고 있네

저 불룩한 배때기
제가 옥수인 양 불룩이면서

아 조금은 무섭다

제 2 부

꽃을 심는 할머니들

아쉬운 순간

감기로 인한 후유증에
코와 기관지에 문제가 발생했다
지인의 권유에 따라 유명하다는 한의원에 들러
약을 한 제 지어와 먹기 시작
하루 이틀 닷새를 먹는 동안
계속 머리가 아팠다

한의원에 전화를 해보니
머리 아픈 것과는 상관없는 약이란다
결국 엿새 되는 날
뇌경색으로 쓰러지고 말았다

'약을 중단하라' 는 말
한마디만 해주었더라면
이 무서운 병이 안 오는 것을
생각하면 할수록
너무나 아쉬운 한순간의 말

그리움

아침 이슬 머리에 이고
쉬어가려 한낮을 기다렸더니
벌써 황혼노을 석양에 지누나

오는가 했더니 벌써 가버린 봄
사계절, 우주의 질서 따라
가고 오고 또 그렇게 돌고 도는데
한 번 가버린 내 추억
그리움으로 돌아와 떠날 줄 모르네

가을이 오면

해마다 스치고 지나가는
가을의 길목에서
세월의 무상함을
음악에 실어 음미해 보고

파란 마음

노란 마음

붉은 마음

꽃처럼 수없이 피워내도
꽃 지고 낙엽 지는 가을이 오면
음악도 슬퍼지고
거리를 구르는 낙엽은
은빛 머리 여인의 눈물처럼 애처로워요

밤바다

잔잔한 저 푸른 바다
은빛 파도로 갈매기 달래주고
요동치는 내 마음 잠재우더니

검푸른 저 밤바다
성난 파도로 갈매기 몰아내고
성난 파도 치마폭 휘감으며
나를 향해 무섭게 달려온다

중국의 예배시간

악센트로 덮치는 언어에
신기함을 느끼고
적극적인 제스처에
재미를 느낀다
알아듣지 못하는 언어에
졸음 올까 염려되고
활력 넘치는 언어 제스처에
한 시간 반 긴 예배를
집중력 자세로 상상의 날개를 펴
추측으로 꿰맞추며 은혜를 사모한다
저기 찬양대석에 어느 한 청년
히-죽 히-죽 웃는 모습 보면
분명 웃기는 이야기를 하는 듯한데
앞에 앉은 아가씨들은 전혀 아니다
이상도 하지

제기랄, 알아들을 수가 있어야
상상의 날개를 접든지 펴든지

여행 버스

쿵작쿵작 흐르는 리듬은
모두를 일으켜 세우고
계속 쿵작쿵작 춤을 부추긴다
내 가슴도 쿵작쿵작 춤을 추는데
꼼짝 않고 의자에 박혀
쿵작쿵작 함께 리듬만 흐른다
나도 전에는 내 마음 함께
이 몸 흔들며 춤을 추었다
지금은 가슴만 쿵닥일 뿐
붙박이로 앉은 구경꾼 신세

그림자

가로등 불빛 아래
큰 놈 작은 놈 미행을 한다
커졌다 작아졌다
좁혀졌다 멀어졌다
나는 네놈들 따돌리러
새벽길을 간다
전등불보다 밝은 빛을 향해
새벽길을 간다

꽃을 심는 할머니들

차창 밖에 멈춘 눈길

꽃 지는 퇴색한 얼굴들이
길가에 엎드려 빨간 꽃을 심는다
젊은 날 저 사루비아처럼
빨갛게 정열을 불태우며
무지개 꿈을 키웠던 얼굴들이
찬란한 햇빛 주름진 손등에 업고
정성 어린 호미 자루가 분주하다
마음밭에 피어나던 아름다운 꽃들
한 잎 두 잎 떨어진 그 자리에
그리움의 꽃을 심는다

당신 그림자 밟고 앉아
내 마음 호미로 파면서

옛이야기

손자 녀석 할미께 졸라댑니다
할머니 옛날얘기해주세요
그래 아무렴 또 해주지

옛날에 어떤 할애비가 길을 가는데
저만큼서 연기가 꼬약꼬약 나더래
가까이 가 보았더니
메뚜기가 아기를 낳고
미역국을 끓이고 있는 거야

그 메뚜기는 지금도 계속
아기를 낳고 낳고 또 낳고
계속 낳고 낳고 또 낳고
할미는 눈을 감고 잠들어 가면서
계속 낳고 낳고 낳고 사르르

손자 녀석 할미 젖통 툭 치며
할머니! 자지마! 소리치니
아! 깜짝이야
또 낳고 낳고 낳고 사르르…….

간밤 꿈엔

세월 먹다 과식하여
내 몰골 이렇게 일그러졌어도
간밤 꿈엔
포동포동 이내 마음
홍안의 늠름한 신랑과
결혼식을 올렸고
포동포동 예쁜 아기
젖을 먹였소

파랑새

나무에 둥지 짓고
하늘을 나는 새야
구경거리 너무도 많지

배 불뚝이며 쉬하는 놈
볼기 내놓고 쉬하는 넌

속이고 훔치고 부풀리고
빼잇고 죽이고 쇠고랑 차는 인간

새야 너는 하늘만 날다가
파랑새가 되어 오너라

제 3 부

레일 바이크

야유회

오랜만에 야유회 간다

내 불편한 다리 잘 견디어 낼 수 있을까
춘천 옥 광산으로 야유회 간대요
거기에 가면 옥에서 기가 나와
나 같은 사람은 정말 정말 좋다는데
팔다리가 가벼워져 저 사람들처럼
강중강중 훅훅 날아가려나

옥 광산 터널로 들어가 옥수도 마시고
편안히 앉아서 옥기 강의도 듣는다
두 손을 양옆으로 펭귄처럼 들고 앉아
눈을 살며시 감고 손바닥에 마음을 담으라네
나는 왜 손바닥에 마음이 안 들어가고
갸웃갸웃 기웃거리고만 있을까

저쪽 옆에 어느 사모님
손바닥에 마음 잡아 넣었다
어! 이쪽에 사모님도 살짝살짝 출썩이네
진짜 돼야 할 나는 왜 안 되는 거야

초등학교 때 친구 하나 돈 잃어버리고
운동장 귀퉁이에 쪼그리고들 앉아
두 손 모아 합장하고 춘향 아씨 놀이해보았다

'춘향 아씨 춘향 아씨 나이는 십팔세'

얼마쯤 주문을 외면 항상 그 친구에게만
춘향이 신이 들어가 손이 벌어지기 시작했다
사시나무 떨듯 진동하며 주문자의 명령에 복종한다

도둑놈의 이름을 쓰고 얼굴을 그려라
두 눈에 못을 박아라 눈이 멀어 보지 못하리라
돈을 제자리 갖다 놓으면 안연하리라
신기한지고 돈이 책상 안에 고스란히 와 있어요

나는 언젠가 TV에서 보았다 최면술에 걸려서
흐느적거리다 넋을 잃고 홀려 노는 것을
또 부흥회 때 진동하며 난리 피는 모습들이
마치 필름처럼 돌아가며 나를 괴롭힌다

도저히 내 마음을 손바닥에 담을 수가 없어요

쇼핑센터에서 오리지널 옥 목걸이 하나
달랑 사서 목에 걸고 미소 지며 나오는 나
세상 온갖 잡것들 한순간 허공으로
훨훨 날아간다

예술밭

아스팔트 길가 세 평 남짓 조그만 밭에
내 생활을 담고 내 예술을 담았다
내가 자랄 때 보아온 것처럼
감자도 몇 폭 심고, 오이도 두 폭 심고,
가지도 세 폭 심고, 도라지, 더덕, 고구마, 고추
쪽파, 대파, 근대, 상추, 쑥갓, 케일, 방울토마토,
옥수수, 동부, 호박은 밭두둑 언덕배기에
이렇게 심다 보면 열일곱 가지를 심게 된다

해마다 거르지 않는 빨강 주먹봉숭아 세 폭
내 손톱에는 봉숭아꽃이 일 년 내 피어 있다
그중에 하늘바라기 빨강 고추
작은 고추가 하늘을 향해 순마다
꽃처럼 조복조복 열려 있다

가을이면
내가 만든 예쁜 종이 항아리에
우리 집 실내를 온통 장식하고
해가 바뀔 때면 햇고추에게 자리 내주고
매운탕 고춧가루로 인기를 끈다

봉숭아 다음으로 사랑을 받는 하늘 바라기 고추
나는 아침저녁 그것들을 들여다보며 마냥 즐거웠다
새벽기도 갔다 올 때도 그것들의 밤새 안녕이 궁금해
성경책 가방을 손에 든 채 밭으로 발길이 간다

약수터 다니는 사람들도 발길을 멈추고 함께 즐긴다
어떤 아저씨는
야— 이것은 살아있는 예술 작품이네요
세 평 남짓한 길가 밭은 모두에게 웃음 주고 사랑받는
예술이 숨 쉬는 아름다운 밭이랍니다

레일 바이크

레일에 굴러가는 바이크
가만히 올라 앉아 있어도
잘도 굴러간다
정선의 바람 소리 솔향
터널 속의 정선아리랑
오관을 스치며 함께 굴러간다
내 다리는 노동을 멈추고
힘 있게 발을 딛는 옆 좌석 젊은이
내 인생은 이렇게 무사히 이르렀다
날 인도하시는 오직 그분 때문에

제2의 품바

제1의 품바는 청주 판소리 국악당에서 했고
제2의 품바는 한화순 권사의 특기로 무대에 오른다
부침이 프라이팬 집어던지고 깡충 뛰어든 무대
빨강바지 뚱뚱한 몸매가 앙증맞게도 잘도 흔들어댄다

야—!그 거구의 몸매가 어쩜 저렇게 가볍게 움직일 수 있을까
조작조작 뱅글뱅글, 자박자박 뱅글뱅글, 요리조리 뱅글뱅글
요리 휘딱, 조리 휘딱 정말정말 잘도 논다
신나게 울려 퍼지는 품바 장단에
홍 돋운 정경숙 권사도 무대에 뛰어든다

두 뚱뚱이가 정답게 마주보며
물방개 놀 듯 뱅글뱅글 잘도 논다
경로잔치에 온 어르신들 홍 어깨까지 달아올라
무대 앞 넓은 마당 너도나도 뛰어나와
수십 년 간직한 홍겨운 춤 다— 쏟아낸다

제2품바의 홍겨운 놀이
즐거운 하루가 오월의 푸름을 자랑하는 수련원 동산으로
가득히 스며들어
영원한 웃음꽃으로 피어나리라

쓰레기를 태우며

손녀와 마주앉아
쓰레기를 태우며
미래를 이야기한다
산딸기 조롱조롱 익어가고
작은 메뚜기 풀밭에서 팔딱인다

세월도 팔딱 뛰어 넘은 어느 날
슬기는 이곳에 와
한 손엔 조그만 메뚜기
또 한 손엔 빨간 산딸기

파란 하늘 먼 산 바라보며
보이지 않는 할머니
얼마나 그리워할까

파도 위에 내 마음

동해 바다 푸른 물결 파도 위에
내 마음 하나 배 띄워 놓고
출렁출렁 함께 파도친다
나의 눈빛 하나 세워 돛대 달고
망망대해 가노라니
물속은 보이지 않고
내 마음 출렁이는 인생살이
삶의 파도만 보이네

새치기

봄 여름 가을 겨울
계절은 줄서지 않아도
질서 있게 찾아온다

버스 앞 지렁이 줄에
약삭빠른 어느 아줌마
벌써 버스 문 앞에 섰다

창조주 질서 보면서도
양심은 등 주머니 깊숙이
저 모양새에 내가 왜 부끄러울까

잠깐 할아버지

치과 임플란트 수술 후
며칠 전부터 나는
할아버지가 됐다
조선 때 할아버지처럼
턱수염이 까만 할아버지

나는 어린 시절
남자를 부러워했다
아버지의 집념인 아들 아들
그러나 창조주가 여자로 만들었으니 불가능인데
이제 잠깐이라도 소원 성취해보라며
까만 수염이 턱밑 목까지 늘어진 할아버지
거울 속 나는
영락없는 조선 시대 할아버지

속 시원히

비슷한 시간에 세 번째 전화가 왔다
상담을 받으려면 0번을 누르라고 한다

보이스 피싱
옳거니 잘 걸렸다

나는 이때까지 해 보지도 않은 욕설을
속 시원히 토해 냈다

이 개년! 사기꾼! 미친년
네가 상담원이야

이러고 나니
전번에 다급히 황당했던 괘씸 덩이가
속 시원히 녹아내린다

속초 가는 길

야! 저 소나무 좀 봐
얼마나 멋있어

함박눈 오던 날
속초 가는 길

눈 덮인 산 소나무 위에
켜켜로 소복소복 쌓인 눈

잎 떨어진 앙상한 나뭇가지
마치 독일 가로수의 안개꽃처럼
아름답고 신비한 속초 가는 길

벌름벌름 입 벌리는 주문진 생선들
우리의 환호를 들었는지
저희들도 야 저 함박눈 좀 봐

기차 여행

내 생애 처음이자 마지막이 될
기차여행 드디어 떠난다.
진통제 한 알에 내 몸을 맡긴 채
그토록 가고팠던 기차여행
떠나온 지 일 년여 그리웠던 사람들
눈웃음 생끗, 두 팔 벌려 얼싸 안으니
37년의 정겨움이 되살아나 가슴까지 뜨거워
한마음 한 뭉치 된다
5월의 싱그러움이 차창을 스치며
정동진의 넓은 바다가 쏴 쏴 밀려오며
우리의 추억을 모래밭에 부려놓는다

제 4 부

별똥 냄새

현관문을 열고

컴퓨터를 너무 했나
나는 현관문을 열고 나간다

막연히 그리움을 느낄 때
나는 현관문을 열고 나간다

안개처럼 깔리는 거실의 고독이 싫증날 때
나는 현관문을 열고 나간다

서향집의 햇살이 윈도우에 찬란히 비질 때
나는 현관문을 열고 나간다

내가 사랑하는 50여 개의 화분들이
기다렸다는 듯 웃음 짓고 반긴다
갓 피어난 꽃들이 활짝 웃음 지며
날 먼저 봐주세요 애교를 부린다

살며시 열어본 오월의 푸른 들판
파란 하늘 아래 짙푸른 산
흙탕물 논에 갓 심어놓은 벼 포기들
시야에 들어오는 오월의 푸르름이
아까시아 향기 속에 짙어만 간다

별똥 냄새

하늘에 별들 찌익
똥 싸고 날아간 우리 집 마당
매캐한 별똥 냄새 하얀 머리 풀고
별똥 꽁무니 따라 피어오르고
이슬 젖은 멍석
꼬맹이들 호호호
할머니 입가에
조롱웃음 조롱조롱

잊을 수 없는 멋

중학교 국어시간

선생님의 손에는 교과서가 아닌
소월 시집《진달래꽃》이 들려 있다

나 보기가 역겨워 가실 때에는
사뿐히 즈려밟고 가시옵소서

선생님 즈려밟고가 뭐예요
이때 선생님은 한쪽 앞발로
살며시 뭉개면서 뱅글 도셨다
그때 그 모습은 얼마나 멋있었는지

월드컵 마당에 물방울 넥타이 휘날리며
두 주먹 불끈 쥐고 껑충 뛰는 히딩크의 제스처와도 같이
나에게는 잊을 수 없는
멋 중에 멋으로 남아 있다

초등학교 동창회

웬일이야
웬 할아버지들이
서슴없이 내 이름을 부르며
손을 잡고 흔든다
아이고! 망측스러워라

의무

일어나면서 의무가 시작된다
새벽기도 걸어가기
식사 전 약 먹기
식사 후 약 먹기
냉장고 반찬 비우기

내 몸을 관리할 의무가
내 몫인 것을,
어쩌랴 창조주가 주신 몸
지킴이 역할도 내 몫인 것을
삶의 의미와 의무가
앞뒤를 다투며 동행한다
산다는 것은 모두가 의무
의무수행이 아닐까

풀밭

풀벌레 소리에 가을이 오고
내 어릴 적 그리운 친구
별이 빛나는 밤, 풀밭에서 뒹굴 때
풀벌레 울어대는 잔디 위에 누워
은하수 건너 파란 하늘 보고 있노라면
왕귀뚜라미 등 뒤에서 꼼지락

검푸른 밤바다에 떠가는 저 쪽배
스산한 가을바람 불어와도
뒤뚱대지 않고 잘도 떠간다

자벌레

제가 가야 할 길
제 몸 크기로 재며
평생을 재며 가도
무슨 장애물이 있는지 도무지 모르듯

멀고 험한 인생 길
키로도 잴 수 없고
지혜로도 못 미치니
목마름 샘가에 앉아
생수 마시며 기도한다

호수

나는 호숫가 둑에 앉아
호수에 잔잔히 이는 물여울을 바라봅니다
그 언젠가 어느 부대 소대장님께
편지를 했던 기억이 생각납니다
잔잔한 호수에 돌을 던지지 말아달라고
내 마음 잔잔한 호수에 던진 돌 하나
원을 그리며 번지는 물여울 때문에
얼마나 많은 고통의 세월을 흘려 보냈던가
나는 호숫가 둑에 앉아
잔잔한 호수에 조약돌을 던지며
추억 속에 물여울을 바라봅니다

어린 소녀

잔디밭 뾰족한 풀잎들
아침 햇살 욕심껏 가득 담아
너무 무거워 굴러 떨어질 때
담배 이파리에 파란 벌레
쥐방울만 한 손녀의 신발창에 무참히도 짓밟혀
툭툭 비명을 지르며 터진다
여름 햇살 중천에 가득 넘쳐흐를 때
아침 이슬 밭 소롯 길 헤치며
파란 벌레 파란 피로 물든 신발창
풍성한 아침 이슬에 말끔히 씻어내고
쪽마루에 아침상 차려 놓고 기다리시는 우리 엄마
중천에 솟은 해님은 화살 빛살 촘촘히 들고
쥐방울 같은 소녀의 오르내리는
밥숟갈만 하나 둘 세고 있네요
꽁보리밥 한 숟갈 입에 떠 담으면
해님은 말합니다
이번엔 된장찌개를 먹어요.
그리고 계란같이 예쁜 감자도 먹어요
엄마는 말씀하십니다
물 마시며 찬찬히 먹어라

해님과 엄마는 보초병같이 지켜 서서
에이그!
쥐방울같이 조그만 것 기특도 하지

병아리의 쪽잠

공중을 날던 솔개 한 마리
개나리 노란 울타리 넘보는데
개나리꽃 다복이 잘도 피었네

울 밑에 졸고 있는 햇병아리
예수님 품인 양 그 숨결이 포근해
샛노란 꿈속을 누비는데

눈앞을 스치는 검은 그림자에
화들짝 깨어난 종종걸음
엄마 날개 밑을 파고든다

옥수수밭

옥수수 텃밭에 가을이 오고
차가운 달빛 아래 고통의 소리
스삭스삭 스삭스삭
뼈마디 스치는 갈바람소리
알알이 여물었던 새끼들
모두 다 떠나보낸 빈자리
저렇게 빈 대공만 남아
기러기 떼 끼룩이는 밤하늘 아래
쓸쓸히 울고 섰나
스삭스삭 스삭스삭

가을 만찬

아침은 오싹오싹 차가워도
가을 햇살은 바늘처럼 따가웠다
그 먼 어린 시절
친구랑 헤매던 가을 산엔
보리뚝 발갛게 무르익어
군침 돌게 했었지

모닥불

타작마당 모닥불 헤집어
나락 이삭 훑어 뿌려놓고
친구와 둘이서 쪼그려 앉아
열심히 다독이며 지켜볼 때
고소한 향연 하늘에 피어오르고
톡톡 튀는 하얀 눈꽃송이
앞다투어 점프한다

앗! 뜨거

호호 불며 줍는 눈꽃송이
입에 넣자 바스락 부서지는
고소하고 맛있는 뿔 달린 튀밥

얼음판의 비명

찡찡 찌이익
앞 냇물 어는 소리
오늘 밤도 혹독한 추위
머리맡에 숭늉그릇
또 솟구쳐 얼겠지

짱짱 찌이잉
저 비명 소리

내 친정 토담 벽 집엔
후딱 딱 딱 활활 타오르는
훈훈한 장작불 소리

제 5 부

점잖은 손님

사랑은 둥글다는데

사랑은 둥글다는데
나는 왜 원을 이루지 못 하고
세모꼭짓점이 되었나

사랑은 둥글어야 되는데
나는 왜 원을 이루지 못 하고
네모꼴 꼭지각이 되었나

꼭짓점 없애 둥글게 하려고
말씀의 검으로 꼭지들 자르고
잘라낸 자리 아직도 거칠어
말씀의 숫돌로 갈고 닦아서
둥근 원 만들어 갑니다

꿀 먹은 벙어리

동녘에 해 뜨면
참새도 좋아라 짹짹이며
남녘에 봄바람 살랑이면
제비도 빨랫줄 타고 앉아 지지배배 노래 부르고
라일락 꽃향기에 꿀벌 소리 요란하다

한데 어쩌자고 내 임은
꿀 먹은 벙어리

닮은 꼴

말없이 떠난 사람
말없이 기다리다

말없이 들어오는 사람
말없이 맞아들인다

이런 것이 편하다는 사람
나도 이런 것이 편하다

수십 년 살다보니
닮은 꼴 되어버린 우리 부부

사진

이역만리 선교사로 간 딸
이념이 다른 공산국
이메일도 전화도
마음대로 못한다

전화한 지도 벌써 수개월
딸아이 방 서랍장에서
우연히 발견한 독사진 한 장

날마다 보고팠던 그 모습
빨간 티셔츠 사진 한 장
전화기 앞에 붙여 놓고
볼 때마다 눈물이 핑

내 꿈을 이루어가는 딸
깜찍하고 지적인 이미지엔
가슴 깊이 마음이 숙연해진다

갈색 대나무

오죽헌에 갈색 대나무

친정집 그리워 애태우는
시집간 신사임당 마음

갈매기 어우러져 날고
고깃배 떠다니는 강릉 앞 바다
오죽이나 그리웠으면

깁게 나 타버린
오죽헌 갈색 대나무

점잖은 손님

덜커덩 문 따는 소리
아빠가 들어온다
신랑이 들어온다

하루종일 바둑이처럼
집 지키며 기다리던 나
뛰어나가 손잡고 매달려
까불대며 응석부리고 싶다

하나 그이는 아빠도 아니고
신랑도 아닌 어엿한 남편
그이는 나가도 들어와도
세월 따라 익숙해진 점잖은 손님이다
멀고도 높으신 어른, 점잖은 목사님

그 앞에선

아이같이 놀 수도
소녀같이 수줍을 수도
애인같이 사랑할 수도 없는
멀고도 먼 높으신 목사님

주님께 신랑 빼앗긴 지 수십 년
주님이 신랑 되어 주마 약속했으니
주님이 원하시는 길이라면
이것도 감수해야지

닫힌 문

굳게 닫힌 두 마음
열쇠는 일찍 잃어버렸다

꼭꼭 숨겨 놓은 열쇠
찾는다 해도 이미 녹이 슬어
무한 닦아야 하네

아무리 생각해 봐도
굳게 닫힌 문
어떻게 열어야 하나

믿기지 않는 어설픈 해법에
밤마다 기와집 열두 채

어줍잖이 또 세월만 가네

할방바위

유월의 작열한 햇빛
푸름이 짙게 익는 숲속 오르막 길
숨 막힐 듯 헉헉대며 정상에 오르니
좌측 확 트인 넓은 바다에서 갑자기 몰아오는 시원한 바람
숲 속을 가르며 우리를 반긴다

아 시원하다

함성을 지르며 쉬노라니
일출봉 할방바위가
푸른 머리 산발로 치켜세워
눈 흘기며 째려본다

고기잡이 간 낭군 오는 길에
바람아 정숙해다오
두 손 모아 기도하는데
우리의 외침이 귀에 거슬렸는지…….

그리움 한 덩이

결혼한 지 벌써 5년
한 해 한 번 왔다 가는 딸
오늘도 심양을 향해
비행기는 하늘을 날았다

짐 보따리 빠짐없이 다 챙겼는데
선물로 주고 간 그리움 한 덩이
안녕이란 말 한마디 동그랗게 남기고

너!

푸른 하늘 저 높이 날아가느냐

가을에 떠난 여인

멀리서 날아온 여인
2개월여 함께 속삭이다
하필이면 이 가을에
토끼 같은 새끼 손 잡고
훌쩍 떠나 버렸다

그 야무지고 똑똑한 아이
할머니 부르며 장난치던 모습
물리치료 할 때마다
병원이 떠나가라 울던 아이
간장이 찢어지는 제 어미 마음

두 모녀 너무도 눈에 밟혀
날마다의 생활이 얼마나 정겨웠는데
하필이면 이 울적한 가을에
저 멀리 날아가 버렸다

들어설 때마다 휑한 거실이
왜 이리도 쓸쓸한지
가을엔 보내지 말아요
차라리 여름에 보낼 것을

제 6 부

시의 탄생

그리움 주머니

세상에 널려 있는 그리움 주머니
하나하나 주워 담은 바구니 속
그리움 덩이 하나 골라 풀어보니

그리운 그대

또 하나 풀어보니

그리운 고향

또 하나 풀어보니

그리운 어머니

이 주머니 속
내 그리움 하나 집어내니
풍선처럼 꺼져버린 빈 주머니

사라지지 않는 그리움

잠자는 어머니의 머리 위에
제비꽃을 뽑아내고
소띠기를 뜯어낸다
해마다 뽑아내고 뜯어내도
여전히 돋아나는 추억
사라지지 않는 그리움
나 지쳐 잠들 때까지
여전히 이렇게

화분 뒤에 숨어서

중년을 넘어서
모처럼 홍도 여행을 갔다
따스한 가을 햇살에
유난히도 반짝이는 동백잎
수북이 쌓인 낙엽 헤집으니
진주알 같은 예쁜 동백꽃 씨앗
살짝 낙엽 가리고 숨어 있다

동그란 씨앗 일곱 개 주워다
화분 뒤에 꾹꾹 심어놓고
깜박 잊고 살았는데
어느 날 발견한 동백나무
여섯 이파리 자랑하며
화분 뒤에 숨어 섰다

다시 옮겨 심고 정성껏 가꿨더니
겨울마다 함박웃음 선사하며
복도를 밝히는 오리지널 동백꽃

시의 탄생

눈까풀 가몰가몰 꺼져가는 이 밤
커피 한잔 기름 쳐 불 밝히고
고요한 밤 적막을 깨치는
독수리 자판 치는 소리
한 까풀 한 까풀 옷을 벗고
속살로 나오는 알몸의 생명체
하얀 종이 위에 방울방울 눕는다

삶(1)

컴퓨터 검색을 마친 후
고요가 흐르는 적막한 이 밤
공허가 기다리는 이불 속 공기
잠은 아직 문밖에 서성이고
살며시 들추며 내딛는 발끝이 시리다

이불 덮어 포장한 차디찬 삶
질기게 자생한 들풀
힘겹게 피어난 꽃 한 송이
그것이 내겐 전부인 양
오늘도 시린 이불을 덮는다

털북숭이

애기참외도 털북숭이
복숭아도 털북숭이
할미꽃도 털북숭이
버들강아지도 털북숭이
목련꽃망울도 털북숭이
모두가 예쁜 털북숭이인데
내 발 잡고 침놓는 털북숭이 할아버진
너무도 무섭고 미워요

그 사람

6 · 25 전쟁이 지나간 지 벌써 60년
아직도 남몰래 깊숙이 숨어
때때로 생각나는 그 사람
내 소녀 시절의 추억은
60년 세월의 긴 여정 속에서도
내 곁에 자리 펴고 날 놓아주질 않네
아직도 잊지 못하는 그리움은 왜
이제는 체념해야 할 그 사람
세월아 너만 가지 말고 함께 사라져라

제 7 부

은발의 기도

나도 송사리

우리 집 고래실 텃논
버들가지 살랑대는 웅덩이
맑은 물 사계절 솟아나
흐르는 논마다 생명줄 되고

물 위에 떠도는 송사리 떼
주둥이 모아 한 방향으로
한평생 분주히 떠다닌다

한심한 듯 논둑에 앉아
내려다보는 주인 재미있을까
저 송사리 무리 중
나도 한 마리 송사리 되어

저렇게 살고 있네

아쉬움

그렇게도 보고팠던 엄마
다정하게 나란히 앉아
이야기 주고받으며
얼마나 좋았는데
이것이 꿈일 줄이야
깨어나지 않았더라면

유별나게 더웠던 여름

여름의 뜨거운 마지막 방귀를
구월의 코에서 재채기로 후딱 날려 보냈다

아!
얼마나 상쾌하고 기분 좋은 계절인가
파란 하늘을 우러러 찬양하며
바람을 만지며 사랑을 노래하고
들녘을 둘러보며 감사가 넘쳐난다

황혼에 찾은 행복

그렇게도 소중했던 젊은 날들을
나는 그저 그렇게 살았습니다

수많은 여인들이 그렇게 살듯이
나도 그들 속에 합류 되어
나는 그저 그렇게 살았습니다

아이들 바르게 기르고
지아비께 순종하며
나는 그저 그렇게 살았습니다

나를 바라보는 모든 이들
그 여인은 행복하다 말하겠지요
그러나 나는 그저 그렇게 살았습니다

날이 갈수록 해가 갈수록
내 가슴속 공허함은 어찜인가요
나는 그저 그렇게 살았습니다

수 년을 영글어 온 응어리 알갱이들이
점점 박 덩이처럼 커져만 가고

나는 그저 그렇게 살았습니다
내 인생의 가장 중요한 중년의 시기에
내 가슴은 기어코 응어리 공장 되어
눈물로 눈물로 녹아내렸습니다

나는 어느 날 내 영의 깊은 간구를
주님께 애절하게 호소했지요
우리 주님은 나에게 은총을 주셨어요

시로 네 마음을 정화시켜 보라고
시 한 편에 응어리 알갱이 하나
시 두 편에 응어리 알갱이 둘

이렇게 빠져나간 시 인생의 10여 년 세월
내 영혼의 맑은 곳에
기쁨과 행복만이 넘쳐납니다

인생의 황혼기에 거저 받은 축복
시로 주님을 찬양하며
보람있게 살렵니다

비

비를 싫어하는 사람이 의외로 많다
비 오는 날의 낭만을 왜 모르는지
작은 우산 받쳐 들고 길을 걸으면
길가 파란 풀들의 즐거운 소삭임

그 옛날 약혼자와 청산 둑길 걸으며
내 닫힌 마음 엿보려 황당한 질문 받던 그날도
보슬보슬 비 오는 날이었지

흘러간 세월만큼이나 노출된 삶
빗물이 땅속을 적시며 뿌리를 알듯이
우리는 모든 것을 다 알아버렸다

장맛비는 더더욱 싫다고 난리들이다
이 무더운 여름철에 장맛비가 없다면
무슨 재미

햇빛이 나면서부터 찌는 듯 쪄대는 삼복더위
추억의 보슬비를 맞고 싶고
시원한 장맛비가 다시 그립다

은발의 기도

많은 세월이 흘렀다
조용히 머리 숙여
소곤대는 나의 기도 제목

목회에 전념하느라 못다 한 가정 사랑
은퇴 후엔 그에게 잔잔한 사랑 일게 하소서

그에게도 조금의 변화는 왔지만
그보다 변한 건 내 마음
전에 느껴보지 못했던 매력이
점점 솟아올라 존경이 위대함으로

그이를 사랑하기가 왜 이리 멀었을까

열어젖힌 문 안으로 보이는 침대
엎드려 잠자는 정강이 아래 두 발
뽀얀 두 다리가 어린아이의 통통한 몸체처럼
귀엽기만 하다
지금까지 이런 감정은 전무했다

그러면 오래도록 아파했던 문제들이
모두 나에게 있었단 말인가
그이를 고쳐 달라 기도했더니
나를 고쳐 주시는 주님 앞에
오늘도 의아한 표정을 아무도 모르게 주님께 드린다

부부

수년의 세월 속에 오해와 이해가
수없이 숨바꼭질하면서
드디어 찾아 낸 견고한 사랑
버팀목 되어 준 끈끈한 깊은 정
마음 하나 믿고 살아온 발자취가
하얀 눈밭 위에 강아지 발자국처럼
좋아라!

노란 햇살

읍사무소 앞 벤치에 앉아
청주행 버스를 기다린다
뉘엿뉘엿 저무는 노란 햇살
느티나무 가지 사이를
아롱아롱 고르게 뒤척인다
바람이 불어 올 때마다
우수수 구르는 노란 단풍잎
올해도 이렇게 황혼의 갈잎이
서글픈 내 그림 속에 흩날린다

요즈음

뇌경색 후유증이 날마다 괴롭힌다
내가 지고 가야 할 십자가임을 생각할 땐
저 하늘나라가 그립다고 푸념도 해 보지만
행여 하늘의 섭리에 역행하는 것이 될까봐
또 인내하고 병원 처방도 받아본다
더 이상 살아야 할 아무런 이유가 없다
칠십여 생애에 모든 영광 행복 다 주셨는데
더 이상은 쓸모없는 병든 몸
아무리 생각해 봐도 더 살아야 할 이유가 없다
오! 주님 자는 듯이 저를 데려가 주세요

삶(2)

휘청이는 억새밭에
내복도 입지 못한 발가벗은 고목나무 한 그루
떨어져 웅크린 낙엽
털옷 입은 억새꽃에 하소연도 해보지만
아랑곳없이 흔들어 대며
역시 냉정할 수밖에

시대를 원망하랴

돌볼 겨를 없이 구르는 낙엽 따라
휘청이는 억새꽃

할머니의 귀여운 젖통

아직 여름이 물러나지 못한 오늘
인도 보도블록을 무심코 걸어가다
언뜻 발견한 어느 할머니의 귀여운 젖통
의상실 앞 시멘트 계단에 쉬고 있는 할머니
하얀 저고리 앞자락이 반쯤 열리고
그 사이로 빠끔히 내다보이는 할머니의 뽀얀 귀여운 젖통
나의 눈길을 당긴다

할머니 젖이 너무 귀여워요!

할머니는 고개 숙여 앞가슴을 보자
아이고 젖이 나왔네
황급히 옷자락을 덮으며 귀엽긴
그러나 나는 정말 귀여웠다
내가 결혼할 때까지 엄마의 젖을 만졌기 때문에
지금도 나의 기억 속에 잠재돼 있는 하얀 속살 귀여운
젖통을
오랜만에 저 할머니에게서 발견했다
반쯤 열린 저고리 속에서 빠끔히 내다보는

할머니의 귀여운 젖통

이월순 시집

할머니의 귀여운 젖통

■

인　　쇄　2013년 7월 20일

발　　행　2013년 7월 25일

■

지 은 이　이 월 순

펴 낸 이　서 정 환

펴 낸 곳　수필과비평사

■

등　　록　1984년 8월 17일

주　　소　서울시 종로구 익선동 30-6
운현신화타워 빌딩 2층 208호

전　　화　(02) 3675-5633, (063) 275-4000

F A X　(063) 274-3131

e-mail　essay321@hanmail.net

값 8,000원

ISBN 978-89-98524-70-8 03810

이 도서의 국립중앙도서관 출판시도서목록(CIP)은 서지정보유통지원시스템 홈페이지(http://seoji.nl.go.kr)와 국가자료공동목록시스템(http://www.nl.go.kr/kolisnet)에서 이용하실 수 있습니다.(CIP제어번호: CIP2013011817)